Bernardo:
uma estrela Brilhante

Editora Appris Ltda.
1.ª Edição - Copyright© 2024 da autora
Direitos de Edição Reservados à Editora Appris Ltda.

Nenhuma parte desta obra poderá ser utilizada indevidamente, sem estar de acordo com a Lei nº 9.610/98. Se incorreções forem encontradas, serão de exclusiva responsabilidade de seus organizadores. Foi realizado o Depósito Legal na Fundação Biblioteca Nacional, de acordo com as Leis nºs 10.994, de 14/12/2004, e 12.192, de 14/01/2010.

Catalogação na Fonte elaborada por: Josefina A. S. Guedes - Bibliotecária CRB 9/870

M149b
2024
	Machado, Júlia de Souza
	  Bernardo: uma estrela brilhante / Júlia de Souza Machado; ilustrado por Junior Marques. – 1. ed. – Curitiba: Appris, 2024.
	  28 p. : il. color. ; 16 cm.
	
	  ISBN 978-65-250-5781-1
	
	  1. Literatura infantojuvenil. 2. Estrelas. 3. Vida. 4. Amor. I. Título.
	
	                                                                CDD – 028.5

FICHA TÉCNICA

EDITORIAL	Augusto V. de A. Coelho
	Sara C. de Andrade Coelho
COMITÊ EDITORIAL	Andréa Barbosa Gouveia - UFPR
	Edmeire C. Pereira - UFPR
	Iraneide da Silva - UFC
	Jacques de Lima Ferreira - UP
	Marli Caetano
SUPERVISOR DA PRODUÇÃO	Renata Cristina Lopes Miccelli
REVISÃO	Arildo Junior
	Nathalia Almeida
PRODUÇÃO EDITORIAL	Miriam Gomes
PROJETO GRÁFICO E ILUSTRAÇÃO	Junior Marques
REVISÃO DE PROVA	Jibril Keddeh

Editora e Livraria Appris Ltda.
Av. Manoel Ribas, 2265 – Mercês
Curitiba/PR – CEP: 80810-002
Tel. (41) 3156 - 4731
www.editoraappris.com.br

Printed in Brazil
Impresso no Brasil

Júlia de Souza Machado

Bernardo:
uma estrela Brilhante

Ilustrado por Junior Marques

Dedico esse livro às quatro crianças do atentado à creche Cantinho Bom Pastor em Blumenau/SC e suas famílias. Que seus espíritos estejam em paz e suas famílias possam encontrar alento no amor imensurável de Deus.

AGRADECIMENTO

Be, onde quer que estejas, seja morando em um lindo jardim ou em uma estrela brilhante, gostaria que soubesse que sou grata por ter tido a oportunidade de ser sua "co-dinda".

A morte é um grande mistério...
Tanta dor na despedida!...
Mas quem morre perde o corpo,
Nunca perde a luz da vida.

(Chico Xavier)

Era uma vez uma estrela brilhante que se chamava Bernardo! Bernardo, a estrela, é quente e cintilante, servindo de guia nas noites escuras...

Mas Bernardo nem sempre foi uma estrela... antes disso costumava ser um menino alegre e brincalhão, sempre aconchegado nos braços de sua mãe ou no colo de seu pai.

Um dia, o doce menino Bernardo se despediu de seus pais, avós e amiguinhos e foi morar em uma outra casa, a casa maior do plano espiritual.

De repente, toda a sua família ficou coberta por uma nuvem de chuva... ninguém mais sorria e brincava. Nos rostos tristes caiam grossas gotas de lágrimas de chuva. Todos sentindo muito a falta de Bernardo...

Os avós Ciça e Rudi sentiam falta de quem empurrar no balanço. A avó Zuzu sentia falta de ensinar o neto a fazer caretas para as visitas. Os avós Paulo e Cida sentiam falta do companheiro de aventuras no parque. A dinda Lidi queria poder entregar balas de goma ao afilhado e a dinda Ali sentia falta do pequeno herói.

Mas ninguém sentia mais falta que sua mamãe e seu papai... seus corações doíam tanto e seus olhos choravam tanto que eles desconfiavam que todas as lágrimas tinham, de alguma forma, ido parar em seus corações.

Era um campo enorme, verde e florido, com um céu azul e o sol a brilhar! E o barulho? Fazia um barulhão ao redor deles! Olhando em volta, eles viram várias crianças correndo e brincando. Corriam umas atrás das outras, inventavam brincadeiras e contavam histórias.

De repente, um sentimento de amor e alegria tomou conta dos corações dos jovens pais. Ao longe, se aproximando deles e do grupo de crianças, vinha uma senhora idosa muito bonita, com as bochechas rosadas e feições amigáveis. Ao lado dela, de mãos dadas, vinha um menino sapeca e sorridente.

Lá estava Bernardo! Quando viu os pais, o menino começou a correr de braços abertos até ser amparado pelo abraço dos pais que, mais uma vez, choravam. Mas, dessa vez, suas lágrimas não eram de tristeza, mas sim de alegria pelo reencontro.

Colocando suas mãozinhas nos rostos dos pais, ele pediu:

— Mamãe, papai, não chorem! Vejam como estou sorrindo de novo, posso brincar e correr. Estou vivo mamãe! Meu espírito não pode morrer papai!

— Mas por que, meu filho? — Perguntou a mãe ainda entre lágrimas.

— Por que você teve que partir tão cedo? — Completa o pai.

— Quando a gente nasce, nós viemos com uma pilha dentro de nós, como meus brinquedos! Às vezes essa pilha dura por 100 anos e a pessoa deixa o mundo físico bem velhinho. Mas, às vezes, precisamos nascer com uma pilha que dura bem pouquinho, para poder resgatar o nosso passado.

– Veja, mamãe! – Diz o menino, puxando os pais pelas mãos para olharem para o grupo de crianças que corriam – Eu só pude estar encarnado na Terra com você e o papai por quatro aninhos. Mas era exatamente o tempo necessário para aprender o que precisava.
– Como assim, meu filho? – Pergunta o pai confuso – O que você precisava aprender? Quem lhe ensinou?

– Você, a mamãe, minhas professoras da creche e da evangelização... todos me ensinaram!
– Não entendo, Be... não lembro de ter te ensinado nada. – Declara a mãe.
– É claro que ensinou! Lembra todas as vezes que você disse que me amava? E você, papai, lembra de todas as vezes que me ensinou a respeitar a mamãe e a todos ao meu redor? E quanto a todos os abraços e beijos que recebi nos últimos 4 anos? Vocês me ensinaram a mais preciosa das lições...

– E qual foi? – Pergunta o pai.
– Vocês me ensinaram a amar! E eu
amarei vocês por toda a eternidade!

— Gostaria de estar junto de você...
— Diz a mãe com pesar.
— Mas nós estamos juntos! Por enquanto, cada um de um lado: vocês do lado de lá e eu desse lado daqui. Mas isso não muda o fato de que estaremos juntos para sempre!

Aproximando-se de Jeniffer, a senhora idosa que via tudo de longe, abraça a mãe de Bernardo e diz:
– Minha Jeni... chegou a hora de vocês voltarem para a casa de vocês no plano material. Eu estarei aqui, cuidando do nosso menino.

– Mamãe, papai! Mais uma coisa! – Exclama Bernardo – Avisem a todos lá embaixo que estou bem. A vida continua depois da morte do nosso corpinho físico e, principalmente, contem a eles que eu os amo muito! Mal posso esperar pelo momento de estarmos todos juntos novamente, mas até lá, vivam a vida com muito amor e alegria, espalhando sorrisos por onde passarem. Se alguém perguntar, digam que me tornei uma estrela, grande e brilhante, a iluminar seus caminhos...

Júlia de Souza Machado nasceu no simbólico ano 2000, na Ilha da Magia, Florianópolis/SC. Assim que aprendeu a ler e escrever, Júlia iniciou sua relação de amor com a escrita e com as histórias mirabolantes que inventava e é por meio das palavras que hoje ela expressa suas ideias, seus mais profundos sentimentos e, claro, sua imaginação. Aos 22 anos, Júlia é formada em Direito pela faculdade CESUSC e é autora do romance Uma Ladra no Reino de Bragança. Apaixonada pelo universo infanto-juvenil e a forma tão bela de ver o mundo pelos olhos de uma criança, deseja prestar uma última homenagem às crianças do atentado à creche de Blumenau e suas famílias, em especial seu afilhado Bernardo.